굳건한 나라를
꿈꾼 정치가
유성룡

굳건한 나라를
꿈꾼 정치가
유성룡

신혜경, 김용심 글 | 김병하 그림

보리

인물 이야기

유성룡

1542년~1607년

1542년(1세)
경북 의성에서
태어남.

1566년(25세)
과거에 급제해
벼슬길에 오름.

1593년(52세)
훈련도감을 설치함.

1607년(66세)
세상을 떠남.

1562년(21세)
퇴계 이황의
제자가 됨.

1592년(51세)
영의정이자
도체찰사가 됨.

1604년(63세)
《징비록》 집필을 마침.

굳건한 나라를 꿈꾼 유성룡

유성룡은 조선 선조 때 영의정을 지낸 이야.
임진왜란 7년 동안 나라 살림뿐만 아니라
외교와 군사 일을 맡아 책임졌지.
임진왜란 전까지 조선은 꽤 오랫동안 외적의 침입이나
변란 없이 평화로웠어. 그러다 보니 군대는 나태하고
무기도 제대로 갖추지 못했어. 안일함에 젖어 있던
다른 조정 대신들과는 다르게 유성룡은 군대를 개편하고
무기를 개발해야 한다고 목소리를 높였어.
이순신을 전라도 수군절제사로 추천한 것도 유성룡이야.
성리학을 깊이 공부했지만 당파에 치우치지 않고,
백성의 삶에 도움이 되는 정치를 하려고 노력했어.
조선의 사대부들은 대개 성리학 말고는 관심이 없었지만
유성룡은 성을 쌓는 기술, 화포의 제조 방법과 원리,
조총 만드는 기술에 대해서도 늘 궁금해 하며 연구했어.

왜군이 쳐들어오기 한 해 전인 1591년, 조선은
황윤길과 김성일을 일본에 통신사로 보내. 이 무렵
일본이 곧 조선을 침략해 올지도 모른다는 이야기가
돌고 있었거든. 그런데 일본에 다녀온 두 사람은
서로 반대되는 말을 임금에게 전했어. 황윤길은
이렇게 말했어.

"저들은 반드시 쳐들어올 것입니다.
도요토미 히데요시는 음흉하고 야심이
강한 자입니다."

"그럴 일은 절대 없습니다. 도요토미는
큰일을 벌일 인물이 못 됩니다."

김성일은 이렇게 말했지. 어리석게도 조정 대신들은
김성일의 말을 더 믿었어. 그래서 전쟁에 대한
아무런 대비책도 세우지 않았지. 병사를 가득 실은
왜군의 배가 바다를 건너는 동안에도 조선은 손을
놓고 있었던 거야.

조선 땅에 들어온 왜군은
부산성과 동래성을 손쉽게 함락했어.
그들은 조총과 갑옷으로 무장하고
있었을 뿐 아니라 전쟁에도
단련되어 있었거든.

이에 견주어 조선군은 창 든 허수아비 같았어.
변변한 무기도 없이 활을 쏘고 돌을 던져 보았지만,
왜군이 쏘는 조총에 속절없이 쓰러져 갔지.
앞장서서 전투를 지휘해야 할 장수들조차
전쟁 경험이 없다 보니 다들 제 몸 사리기만 바빴어.
이때 죽어 간 병사들의 시신이 산을 이룰
정도였다고 해.

왜군은 상주와 충주를 거쳐 한양을 향해 거침없이 달려왔어. 임금은 한양을 버리고 피난길에 올랐지. 유성룡도 함께였어. 임금이 지나는 길마다 백성들 울음소리가 들려왔고, 비마저 거세게 내렸어.

"나라님이 백성을 버리고 어디로 가십니까!"
백성들의 분노가 들끓었지만, 조정의 행렬은
임진강을 지나 평양으로 이어졌어.

텅 빈 한양을 손쉽게 차지한
왜군은 여기저기 불을 질렀어.
궁궐은 물론이고 한양 전체가
불바다가 되었지. 왜군의 약탈로
수많은 사람이 죽고 다쳤어.
그러나 그들은 멈추지 않고 빠른
기세로 선조 임금을 쫓아 임진강을
건넜어.

조정은 평양성을 버리고 또다시 북쪽으로 피난 갈 계획을 세웠어. 유성룡이 대신들을 모아 평양성을 떠나서는 안 된다고 설득했지만 소용없었지. 끝내 임금은 북쪽 영변으로 향했고, 힘을 잃은 평양은 왜군에게 쉽게 함락되었어. 평양도 불바다가 되었고, 백성들의 통곡 소리가 하늘을 뒤덮었지.

비록 임금과 대신들은 백성을 버리고 도망갔지만,
백성들은 손에 무기를 들고 의병을 일으켜 왜군과 맞서
싸웠어.

남쪽 바다에서는 이순신의 승전 소식이 들려왔어.
이순신의 수군이 남해 바다에서 왜군의 보급로를
차단하자, 의병들도 왜군에 맞서 싸워 이기기 시작했어.
왜군은 남쪽으로 물러나면서 불을 지르고,
우리 백성들을 약탈하고 잔인하게 죽였어.

전쟁이 길어지면서
온 나라가 황폐해졌고,
백성들은 농사를 짓지 못해
굶어 죽는 이가 많았어.

유성룡은 군량미*를 빻아 솔잎 가루와 섞고 그걸 물에
타서 굶주린 이들에게 먹였어. 하지만 곡식이 너무
적어 많은 사람을 살리지는 못했어.

*군량미 : 군대에서 병사들이 먹는 쌀.

유성룡은 죽은 엄마의 젖을 물고 있는 갓난아기를 보고 통곡했어.
"배고픈 이들이 신음하며 우는 소리에 차마 견딜 수 없다. 아침에 일어나면 밤새 쓰러져 죽은 이들이 너무나 많구나. 내 잘못이다. 내 잘못이다."

7년 동안 수많은 조선 사람이 죽고 다쳤으며 포로가 되어 일본으로 끌려갔어. 참혹했던 전쟁은 도요토미 히데요시의 갑작스러운 죽음으로 끝이 났지.

유성룡은 벼슬을 내려놓고 고향인 경북 안동으로 갔어.
그곳에서 전쟁에 대비하지 못한 책임을 두고두고
자책하며 《징비록》을 썼지.

"염소를 잃었어도
염소 우리는 고쳐야 하고,
말을 잃었어도 마구간은
고쳐야 하지 않겠는가."

유성룡은 《징비록》에 왜군의 침략에 대비하지 못한
잘못에 대해 쓰고, 목숨을 걸고 나라를 지킨 장수와
백성들의 이야기도 담았어. 군대를 튼튼하게 할 방법,
성능이 좋은 무기를 개발하는 방법, 성 쌓는 방법,
군사 제도를 개혁할 방법도 기록하고, 이순신 장군의
활약과 죽음에 대해서도 자세하게 적어 남겼지.

유성룡이 예순여섯의 나이로 세상을 떠났을 때, 한양의 백성 수백 명이 그가 살던 집 앞에서 사흘 동안 애도했다고 해. 지금도 유성룡이 지내던 안동의 충효당과 병산서원은 사람들 발길이 끊이지 않아.

역사 이야기

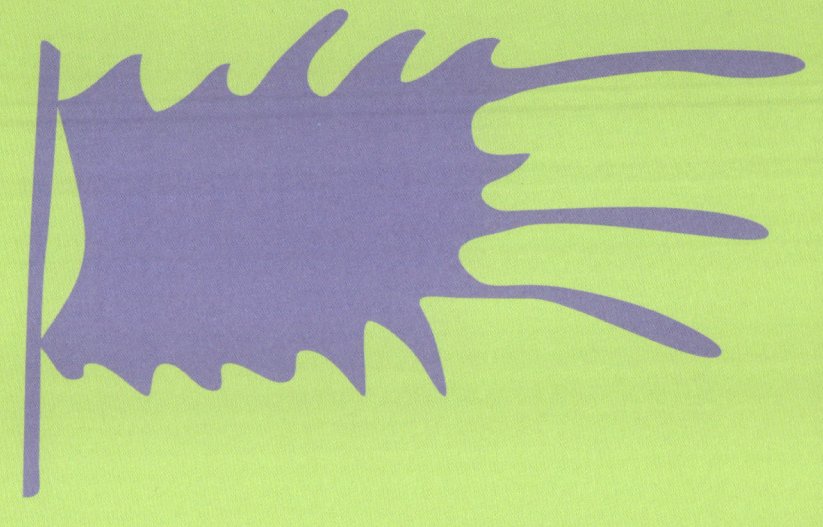

동아시아를 뒤흔든 전쟁,
임진왜란

동아시아 3국 전쟁 임진왜란

임진왜란은 임진년인 1592년에 일어난 전쟁이야.
왜란이란 말처럼 왜나라, 곧 일본과 싸운 전쟁이지.
5년 뒤 정유년인 1597년에도 일본이 쳐들어오는데
그때는 전쟁이 재차 일어났다고 정유재란이라 불러.
흔히 임진왜란이라면 이 두 전쟁을 합해 말하지.
하지만 꼭 일본하고만 싸운 것은 아니었어.
일본과 우리나라, 그리고 멀리 중국 명나라까지
동아시아 세 나라가 얽힌 아주 큰 전쟁이었지.
오죽하면 일본이 우리나라를 쳐들어올 때
"명나라를 칠 테니 길을 비켜 달라."는 핑계를 댔을까.
하지만 조선이 거절하자 기다렸다는 듯 쳐들어왔지.
그렇게 긴 전쟁이 시작되었어.
무려 7년이나 이어진 임진왜란 이야기를 이제 들려줄게.

임진왜란 즈음의 일본

일본을 통일한 도요토미 히데요시
먼저 임진왜란 즈음에 일본이 어땠는지 살펴볼까?
그때 일본은 힘센 장수들이 서로 최고가 되려고
치고 박고 싸우던 전국시대가 막 끝나가던 때였어.
나라 안팎으로 크고 작은 전쟁들이 끊이지 않았는데
도요토미 히데요시가 마지막 승자가 되지.
그리고 일본을 통일하며 최고 자리에 올랐어.
하지만 전쟁이 끝났다고 서로 죽이겠다며
피 터지게 싸우던 힘마저 사라진 건 아니었지.
히데요시는 안에서 넘쳐나는 이 힘을 밖으로 돌려야 했어.
바다 넘어 조선을, 더 나아가
명나라를 집어삼킬 욕심을 냈던 거지.

조선을 피바다로 만든 조총
오랜 전쟁으로 일본에는 온갖 무기들이 넘쳐났어.
그 가운데 가장 무서운 것이 바로 조총이야. 1543년 일본은
바닷가에 떠밀려 온 포르투갈 사람을 통해 조총을 얻게 돼.

그리고 만드는 법을 알아내 조총 수만 자루를 만들었지.
싸움을 전혀 모르는 농사꾼도 이 조총 한 자루만 있으면
갑옷을 입은 무시무시한 무사들을 얼마든지 쓰러뜨릴 수 있었어.
히데요시가 다른 장수들을 무찌를 때도 조총의 힘이 아주 컸지.
조총은 일본 통일을 앞당기는 불씨가 됐을 뿐 아니라
임진왜란 때는 조선을 피로 물들이는 무서운 무기가 되었어.

임진왜란 즈음의 조선, 그리고 명나라

조선의 평화와 당파 싸움

서로 죽고 죽이며 피 흘리던 일본과 달리
조선은 200년 가까이 평화가 이어지고 있었어.
유학을 나라 학문으로 받들며 명나라와도 사이가 좋았지.
하지만 뜻이 맞는 사람끼리 당을 만들어 뭉치면서
서로 자기네 당이 옳다며 당파 싸움이 그치지 않았어.
오죽하면 일본을 살피고 돌아온 통신사 두 사람이
당파에 따라 반드시 전쟁이 일어난다,
절대 아니다로 전혀 반대되는 말을 했을까.
오랜 평화에 길들어 있던 조선은 바보같이도
'옳은' 것을 믿지 않고 '바라는' 것을 믿었어.
절대 전쟁이 일어나지 않는다고 굳게 믿고 싶었던 거지.
하지만 그렇게 바란다고 정말로 전쟁이 일어나지 않을까.
옳음을 버린 대가는 참혹했어.

무능한 황제, 흔들리는 명나라

임진왜란 때 명나라는 13대 황제 만력제가 다스렸어.

오랫동안 황제 자리에 있었지만 만력제는 일이라고는
눈곱만큼도 하지 않았지. 나라는 어지럽고 북에서는
여진족이 덤벼 오는데도 사치스럽게 놀기만 했어.
그래도 일본이 바다를 건너 쳐들어온다는데
가만있을 수만은 없었지. 자칫 자기네 나라까지
전쟁이 번지면 큰일이니까 무조건 막아야 했어.
그래서 조선에 군사를 보내며 전쟁에 힘을 보태지.

임진왜란 발발!

조선을 쳐들어온 일본과 나라를 버린 임금

1592년 일본은 20만 대군을 이끌고 부산포로 쳐들어왔어.
임진왜란의 시작이었지. 일본군은 부산을 거쳐 울산, 경주,
영천을 지나 충주까지 쭉쭉 치고 올라왔어.
조정은 나흘이나 지나서야 일본군이 쳐들어온 것을 알게 돼.
그때서야 부랴부랴 나섰지만 오랫동안 전투를 하지 않았던
조선군은 제대로 싸우지도 못했어. 선조는 남은 병사들을
모두 모아서 신립을 장수로 삼아 탄금대에서 일본군을 치게 했지.
하지만 조총을 앞세운 일본군에게 크게 지고 말아.
그때 싸움이 얼마나 끔찍했는지 이런 기록이 전해져.

"총알은 빗발과 같고, 먼지는 하늘을 덮고,
고함 소리는 산을 흔들었다. 조선군의 흘린 피가
들판에 가득 차고 물에 뜬 시체가 강을 메웠다."

패전 소식을 듣자 선조는 곧바로 한양을 떠나 개성으로 도망쳤어.
임금을 잡겠다며 일본군이 빠르게 선조를 뒤쫓았지.

선조는 개성에서 평양으로, 평양에서 다시 더 멀리
국경인 의주로 꽁지가 빠져라 달아났어.

임진왜란 주요 전투

나라를 지킨 백성들

이순신과 조선 수군

도망친 선조는 의주에서는 아예 나라를 버리고
명나라로 넘어갈 생각까지 했어. 참 비겁한 일이었지.
하지만 임금과 달리 나라를 지키며 용감하게 싸우는
이들이 있었어. 바로 이순신 장군과 수군들, 그리고
수많은 백성과 의병들이었지. 일본군은 땅에서와 달리
바다에서는 맥을 못 췄어. 이순신이 이끈 조선 수군은
임진년 5월 옥포 해전에서 첫 승리를 거둬.
사천포 해전에서는 거북선이 출정해 일본군을 벌벌 떨게 했고,
7월 한산도에서는 학익진을 펼쳐 크게 이기지.
거듭 싸움에서 진 일본군은 그만 확 쭈그러들어.
바닷길이 끊기자 더는 무기와 식량을 받기가 힘들었거든.

들불처럼 일어난 의병

임금은 비겁하게 도망쳤지만 나라 곳곳에서는
용감한 의병들이 들불처럼 일어나 일본군과 싸웠어.
곽재우, 조헌, 권응수, 정인홍 같은 의병장에

사명대사 같은 승병도 있었지. 비단 의병뿐 아니라
어린아이에서 호호백발 할아버지, 책만 읽던 선비,
행주치마 입은 아낙들까지 모두 용감히 함께 싸웠어.
임금과 양반이 도망친 곳에서 백성들은 목숨을 걸고 싸우고
있었던 거야. 임진왜란 때 우리가 왜군을 크게 이긴 대첩이
셋 있는데, 바로 의병과 군사들이 함께 싸웠던 진주 대첩,
아낙과 아이들까지 함께 싸웠던 행주 대첩, 그리고 앞서 말한
한산도 대첩이야. 이를 임진왜란 3대 대첩이라 불러.
나라를 지키는 힘이 어디서 나오는지 잘 보여 주는 본보기지.

다시 쳐들어온 일본, 정유재란

휴전 협상

의주로 도망친 선조는 명나라에 끊임없이 도움을 청했어.
마침내 명나라에서 원군을 보내 왔지.
1593년 1월, 명군과 힘을 합친 조선군은 평양성을 되찾아.
하지만 곧장 치고 내려가려는 조선과 달리
명군은 느긋했어. 어차피 남의 나라 전쟁이니까.
거기다 한양 근처 벽제관 전투에서 크게 패하자
명군은 휴전하는 쪽으로 마음이 기울었어.
심지어 조선을 빼고 일본과 바로 휴전을 맺으려고까지 했지.
그렇게 몇 해를 서로 질질 끌기만 하다가
결국 일본이 다시 쳐들어왔어. 바로 정유재란이야.

정유재란

1597년, 일본은 14만 병력을 이끌고 다시 조선에 쳐들어왔어.
임진년 때 일을 거름 삼아 이번에는 한양으로 바로 가지 않고
식량이 풍부한 전라도를 먼저 친 뒤에 충청도까지 올라갔지.
그사이 착실히 전쟁 대비를 해 온 조선군도 용감히 맞서 싸웠어.

하지만 이순신이 모함을 받아 벌을 받으면서 바다에서는 오히려
애를 먹었지. 새로 수군을 맡은 원균은 제대로 싸우지도 못하고
칠천량 해전에서 거북선을 비롯한 거의 모든 배를 잃고 자신도 죽어.
일본군이 충청도까지 쭉 치고 올라간 것도
이때 조선 수군이 무너진 탓이 컸지.
다급해진 선조는 이순신을 다시 장수로 세워 전쟁터에 내보냈어.

전쟁의 흐름을 바꾼 명량 해전

돌아온 이순신에게는 고작 12척의 배밖에 남아 있지 않았어.
하지만 물러서지 않고 당당히 맞서 무려 133척에 달하는
일본군 배를 물리치고 조선의 바다를 다시 찾아와.
그 유명한 명량 해전이야. 마구 치달아 오르던 일본군은
주춤 멈춰야 했고, 더는 공격을 하지 못한 채
남해안에 갇힌 신세가 되었어.
명량 해전이 전쟁의 흐름을 바꿔 놓았던 거지.
그리고 1598년 7월, 일본에 있던 도요토미 히데요시가 죽어.
일본군은 싸울 뜻을 잃고 조선에서 물러나기 시작했지.
이순신과 수군은 물러나는 일본군을 쫓아 마지막 승리를 거둬.
하지만 그만 이순신이 총탄을 맞고 세상을 떠나지.
이순신의 죽음과 함께 7년에 걸친 긴 전쟁도 마침내 끝이 났어.

7년 전쟁, 그 뒤

세 나라 모두에게 상처를 입힌 전쟁

전쟁의 대가는 참혹했어. 조선은 온 땅이 쑥대밭이 됐고,
논밭도 불타 버려 먹을거리가 없었지. 수많은 사람이 죽었고,
도자기와 활자 같은 조선 고유의 기술도 많이 빼앗겼어.
중요한 문화재와 서고들도 다 불탔지.
일본도 무리하게 오래 전쟁을 한 탓에 나라 꼴이 말이 아니었지.
일본군 가운데 굶주림을 못 이겨
조선에 투항한 사람들도 많았어.
명나라 또한 조선에 군대를 보내느라
힘이 많이 약해졌지.
거기다 큰 흉년이 들어 백성들은
굶주리고 곳곳에서 민란이 일어났어.
그 틈을 타 새로 일어난 청나라에게
명나라는 끝내 망하고 말지.
임진왜란은 세 나라 모두에게
상처를 입힌 전쟁이었던 거야.
유성룡이 쓴 《징비록》에는 이런 말이 나와.

"(굶주린) 부자가 서로를 잡아먹고 부부가 서로 잡아먹었다.
뼈다귀를 길에 내버렸다. 길에 잡초처럼 뼈가 돋았다."

전쟁이 얼마나 끔찍한지 잘 알 수 있는 대목이지.
전쟁을 통해 얻을 것이 딱 하나 있다면 바로 이게 아닐까.
끔찍한 전쟁을 다시는 되풀이하지 않아야 한다는 것.
반드시 평화를 지켜야 한다는 것.
모두들 꼭 기억해.
전쟁은, 결코, 되풀이되지 말아야 한다!

소곤소곤 뒷이야기

노량 해전,
일본이 이겼다고?

노량 해전은 정유재란의 마지막 전투이자
이순신이 숨을 거뒀던 전투이기도 해.
일본군이 처참하게 졌는데, 우습게도 일본은
노량 해전을 자기들이 이긴 전투라고 우긴다지.
이게 무슨 소리냐고? 그때 일본군은 도요토미 히데요시의 죽음으로
더는 싸울 수가 없었어. 그러니 조선을 떠나 일본으로
물러나는 게 군대의 가장 큰 목표가 되었지.
노량 해전에서 숱한 병사들이 죽었지만
본래 목적인 '조선에서 물러나기'는 이뤘잖아?
그러니 자기들이 이겼다는 거야. 말도 안 되는 얘기지.
전쟁에서 중요한 것은 승리가 아니라, 그 승리로 되찾은 평화야.

더는 죽고 죽이지 않는, 모두가 함께 살 수 있는
평화로운 세상을 만드는 게 진짜 승리지.
일본은 전쟁에서도 졌지만,
사람을 대하는 마음가짐에서도 이미 진 거야.

역사 인물 돋보기: 정치+사회 01
굳건한 나라를 꿈꾼 정치가 유성룡

2025년 8월 7일 1판 1쇄 펴냄
글 신혜경, 김용심 | 그림 김병하

편집 김누리, 김성재, 이정희, 임헌
디자인 박진희 | **제작** 심준엽
영업마케팅 심규완, 양병희, 윤민영 | **영업관리** 안명선
새사업부 조서연 | **경영지원실** 차수민
인쇄와 제본 (주)상지사 P&B

펴낸이 유문숙 | **펴낸 곳** (주)도서출판 보리 | **출판등록** 1991년 8월 6일 제9-279호
주소 (10881) 경기도 파주시 직지길 492
전화 031-955-3535 | **전송** 031-950-9501
누리집 www.boribook.com | **전자우편** bori@boribook.com

ⓒ 김병하, 김용심, 신혜경, 2025

이 책의 내용을 쓰고자 할 때는, 저작권자와 출판사의 허락을 받아야 합니다.
잘못된 책은 바꾸어 드립니다.

값 9,000원

•보리는 나무 한 그루를 베어 낼 가치가 있는지 생각하며 책을 만듭니다.

ISBN 979-11-6314-427-4 (74910)
      979-11-6314-426-7 (세트)

제품명 도서 **제조자명** ㈜도서출판 보리 **주소** (10881) 경기도 파주시 직지길 492 **전화번호** (031) 955-3535
제조년월 2025년 8월 **제조국** 대한민국 **사용연령** 10세 이상 **주의사항** 책의 모서리가 날카로우니 다치지 않게 주의하세요.
KC 마크는 이 제품이 공통안전기준에 적합하였음을 의미합니다.